AIMANT D'ARGENT

 AIMANT D'ARGENT

AIMANT
D'ARGENT
LOI DE L'ATTRACTION

AIMANT D'ARGENT

 AIMANT D'ARGENT

CONTENU

Nous commençons...

La loi de l'attraction - ce qu'elle est vraiment et ce qu'elle n'est pas

Pensée objective et subjective

Arrêtez les processus par défaut qui régissent votre vie

Changez votre façon de penser

Le bon esprit sur l'argent

La manifestation de la richesse à travers la loi de l'attraction

Un pauvre qui pense positivement à l'argent est-il riche?

Qu'en est-il des loteries et des gains exceptionnels?

Équilibre entre le «je» interne et le «je» externe

Pourquoi tous ceux qui utilisent la loi de l'attraction ne s'enrichissent-ils pas?

Conclusion

 AIMANT D'ARGENT

 AIMANT D'ARGENT

Nous commençons...

Avec le livre "The Secret", suivi de l'extraordinaire réaction qu'il a suscitée, beaucoup de gens parlent de la loi de l'attraction. Le problème est que la moitié de ces personnes ne savent pas de quoi elles parlent.

La loi de l'attraction n'est pas une incantation ou une potion qui fera disparaître tous vos problèmes. Il y a des choses que vous devez faire si vous voulez en découvrir la richesse dans votre vie.

Ce livre traite spécifiquement de l'application de la loi de l'attraction dans la collecte de fonds, mais il traite en fait de toutes ses diverses applications qui peuvent vous aider à améliorer votre vie.

AIMANT D'ARGENT

Libérez votre esprit de tout ce désordre et lisez bien.

 AIMANT D'ARGENT

La loi de l'attraction - ce qu'elle est vraiment et ce qu'elle n'est pas

Commençons par comprendre ce qu'est réellement la loi de l'attraction:

C'est incroyable de voir combien on parle de la loi de l'attraction et combien peu de gens savent vraiment ce que c'est. La loi de l'attraction n'est pas un sort que l'on utilise et les choses commencent à se passer ainsi. Ce n'est pas comme si vous disiez quelque chose mille fois par jour et que vous voyiez les choses se passer comme vous le souhaitez. Si la loi de l'attraction était aussi simple, nous aurions vu le monde comme un bien meilleur endroit à l'heure actuelle.

 AIMANT D'ARGENT

Les gens expliquent la loi de l'attraction de différentes manières. La définition la plus courante que vous trouverez est quelque chose comme ceci :

"Si vous croyez fermement que quelque chose doit arriver, cela arrivera certainement."

Une phrase ne pourrait pas être plus simple, mais vous vous rendrez immédiatement compte que cela soulève plus de questions qu'elle n'apporte de réponses. La question des désirs est la plus importante : s'agit-il seulement de ce que nous désirons et réfléchissons fortement à ce qui va se passer?

Ou bien se passera-t-il aussi des choses que nous ne souhaitons pas si nous y pensons fortement? Ensuite, il y a aussi la question du conflit intérieur des pensées. Parfois, il peut y avoir des situations où nous pensons de la même façon dans les deux sens. Par exemple,

nous pouvons penser qu'un emploi peut être le nôtre ou non. Alors comment appliquer le droit d'attraction dans un tel cas? Ou que faire lorsque nous pensons fortement à quelque chose et que quelqu'un d'autre pense fortement au contraire? Que se passera-t-il dans ce cas?

Pour répondre à toutes ces questions, il est important de comprendre d'abord ce que dit réellement la loi de l'attraction.

Malgré les différentes façons dont la loi de l'attraction a été définie, nous pouvons décomposer les choses en quatre éléments

- Nous devons savoir exactement ce que nous voulons.

- Pour ce faire, nous devons entamer un processus de réflexion et commencer à crier à l'univers pour qu'il le fasse.

- Nous devons alors visualiser une situation où nous avons déjà ce que nous voulons, et nous devons vivre dans cette réalité.

- En même temps, nous ne devons pas nous attacher à ce qui pourrait arriver. Nous devons seulement penser à l'avoir. Il n'y a pas de place pour la détention.

Exposons plusieurs aspects de la loi de l'attraction et voyons comment nous pouvons l'appliquer dans l'un des domaines les plus importants de notre vie.

Attirer l'argent. Peut-on vraiment devenir riche rien qu'en y pensant?

Pour obtenir ces réponses, nous devons mieux comprendre la loi et apprendre à l'appliquer.

 AIMANT D'ARGENT

Pensée objective et subjective

Puisque la loi de l'attraction est si fortement basée sur le processus de réflexion, nous devons d'abord apprendre ce que sont réellement nos processus de réflexion.

L'une des principales étapes pour mieux comprendre la loi de l'attraction est de comprendre ce que le mot "pensée" signifie réellement. Tout au long de la description de cette loi, vous constaterez qu'elle ne fait pas référence à la façon dont nous pensons. Nous pensons que nous existons, que nous sommes dans une situation particulière, qu'il y a certaines personnes autour de nous, qu'il y a des choses avec lesquelles nous sommes, etc.

 AIMANT D'ARGENT

Tout ce que nous voyons devient réel pour nous, et cela fait partie de notre pensée.

Cependant, ce n'est pas le genre de processus de réflexion dont parle la loi de l'attraction. C'est ce qu'on appelle la pensée objective.

Mais, pour voir la mise en œuvre de la loi de l'attraction dans nos vies, nous devons d'abord éviter le concept de pensée objective. Nous devons adopter un niveau de pensée plus élevé, qui est la pensée subjective.

Pourquoi pensons-nous que notre conjoint est réel? Parce que nous pouvons le voir. Mais il s'agit là d'une réflexion objective.

Avec la pensée subjective, les choses seront inverses. Nous pensons que notre conjoint est réel, et c'est pourquoi nous pouvons le voir. C'est de la pensée subjective.

 AIMANT D'ARGENT

Votre travail n'est pas réel. Mais parce que vous croyez si concrètement qu'elle est réelle, elle devient une réalité pour vous.

Vos situations ne sont pas réelles. Cependant, votre ferme conviction qu'elles se produisent les rend réelles pour vous.

C'est le domaine de la pensée subjective. Lorsque vous pensez de manière subjective, les choses sont plus ou moins comme si vous voyiez un rêve. Lorsque nous voyons un rêve, comment nous imaginons-nous? Notre "rêve" est-il le vrai nous? Non, c'est nous qui "voyons" le rêve. Nous ne sommes que le cadre de référence, la conscience.

Ce qui se passe dans notre rêve est notre perspective. C'est ainsi que la pensée fonctionne dans le monde subjectif.

Dans ce monde, ce que nous voyons n'est en réalité qu'une manifestation de nos pensées.

 AIMANT D'ARGENT

Cela ne veut pas dire que ces choses ne sont pas réelles. Ce que cela signifie, c'est que ces choses sont présentes dans notre conscience.

Tout comme nous pouvons modifier les choses dans nos rêves en appliquant la loi de l'attraction, nous pouvons également modifier les choses dans notre "vraie" vie.

AIMANT D'ARGENT

Arrêtez les processus par défaut qui régissent votre vie

Nous accordons tellement d'importance aux choses qui ne sont pas pertinentes dans nos vies, au point qu'elles commencent à régir notre existence. Mais il y a des moyens de les empêcher de jouer avec nous.

Dans une large mesure, nous laissons les choses et les situations nous dominer. Combien de fois dans la vie dit-on : "Cette situation me dépasse ! Je ne peux rien y faire"?

Nous le faisons souvent. Chaque fois que nous faisons cela, nous abandonnons le contrôle de notre vie aux situations qui nous gouvernent. Nous ne réfléchissons pas du tout à la façon dont la loi de l'attraction nous suggère de le faire.

Et qu'est-ce que c'est?

En termes simples, cette façon de faire consiste à penser comme si nous étions maîtres des circonstances. Le fait est que ces circonstances sont entre nos mains. C'est à nous de créer des situations propices à notre développement, et non l'inverse.

Pensez-y. Y a-t-il un problème financier qui vous empêche d'avancer? Vous avez probablement planifié un effort mais vous ne pouvez pas le faire par manque de fonds. Alors, que faites-vous? La plupart des gens penseront que cela ne mène nulle part et qu'ils vont se sauver. Mais une personne qui croit vraiment subjectivement comprendra que le problème financier est dans le cadre de

 AIMANT D'ARGENT

référence et ne s'en préoccupera pas trop. D'autre part, cette personne essaiera de penser qu'elle pourrait rendre la situation favorable.

Cela vous semble-t-il peu pratique? Ce n'est pas si peu pratique. Si vous commencez à penser sérieusement à avoir de l'argent, qu'allez-vous faire? La loi de l'attraction vous dit de la "visualiser" et de vous comporter comme si vous aviez de l'argent. Dans ce cas, vous demanderez probablement un prêt et lorsque vous le ferez, vous serez très confiant car vous pensez que l'argent sera à vous. Votre confiance jouera en votre faveur car vos financiers potentiels auront l'impression que vous avez la capacité de les gagner et de les rembourser. Ils comprennent que vous êtes une personne de mérite.

C'est ce que font les adeptes du droit d'attraction. Ils font des choses qui leur sont favorables grâce à un processus de réflexion

 AIMANT D'ARGENT

intense. Mais leur processus de pensée n'est pas de ce monde objectif. Ils pensent qu'ils sont au centre de tout ce qui se passe et qu'ils peuvent avoir un contrôle total sur les situations auxquelles ils sont confrontés.

Changez votre façon de penser

Alors comment développer ce type de réflexion, où vous croyez que vous êtes le centre de l'univers et que tout existe dans votre cadre de référence?

Pour créer le processus de pensée subjective que la loi de l'attraction exige de vous, il est très important que vous créiez le bon cadre de référence.

Il faut être comme la personne qui voit tout dans un rêve. Votre réalité perçue est en fait ce qui se passe dans votre cadre de référence, qui n'est qu'un autre nom pour votre conscience. Mais, il faut mettre le doigt sur cette conscience. Vous devez l'ancrer. Cet aspect - l'ancrage de votre esprit conscient - est connu comme le pivot de votre processus de pensée.

Lorsque vous commencez à réfléchir, la principale exigence est d'avoir un point fixe à partir duquel vous pouvez commencer. Habituellement, ce point fixe est votre résolution, votre intention, votre motif, votre but. Par exemple, si vous avez vraiment besoin de créer une entreprise, votre résolution de le faire est votre priorité. Plus vous êtes prêt à y parvenir, plus votre soutien sera profond. C'est pourquoi les personnes qui ont des résolutions plus fortes sont capables d'accomplir de meilleures choses que les personnes qui n'ont pas un esprit très fort pour accomplir quoi que ce soit.

Si vous considérez votre désir comme votre axe et que vous voyez tout sous cet angle, tout commence à se mettre en place. Vous avez l'impression que tout ce qui se passe est un moyen de vous rapprocher de votre désir.

Dans le cas ci-dessus, si votre désir de créer une entreprise est au centre de vos préoccupations, vous avez alors l'impression que tout ce qui se passe dans votre vie vous rapproche de la réalisation de vos rêves. Cela comprend à la fois les aspects positifs et négatifs. Si vous rencontrez soudainement quelqu'un, vous sentez que cela sera lié d'une manière ou d'une autre à votre nouvelle entreprise, qui n'a pas encore commencé, mais vous n'avez aucune appréhension à ce sujet. Vous pensez également que le fait d'avoir été licencié de votre travail de bureau vous rapprochera de la création de votre propre entreprise.

Les personnes qui croient en la loi de l'attraction inconditionnelle construisent de tels axes dans leur esprit. Ensuite, toute leur vie est centrée sur cet axe. C'est ce qui les motive et les pousse à se rapprocher de leurs objectifs.

 AIMANT D'ARGENT

Le bon esprit sur l'argent

Nous appliquons la loi de l'attraction à la richesse. Ce qui est important ici, c'est l'état d'esprit dont nous avons besoin pour faire cette demande.

Que nous apprend la loi de l'attraction sur l'argent?

Il est en fait très important de souligner que la loi de l'attraction n'est pas seulement une question d'argent. C'est une loi très générale qui peut être appliquée à tous les aspects de notre vie. C'est une loi qui nous aide à devenir riches en tant qu'individus, et pas seulement en tant qu'institutions financières. Cependant, nous essayons de voir comment nous pouvons appliquer la loi de l'attraction lorsqu'il s'agit d'attirer de l'argent.

 AIMANT D'ARGENT

C'est pourquoi il devient vital de savoir quel genre de mentalité il faut avoir.

Si nous essayons d'appliquer la loi de l'attraction à ce concept, nous devons réaliser qu'une personne qui essaie vraiment d'attirer de l'argent doit y penser tout le temps.

Puisque les pensées attirent les résultats, c'est ce qui doit se produire.

Cependant, les pensées ne doivent pas être objectives. Que sont les pensées objectives ? Maintenant, si vous ne pensez qu'à la somme d'argent que vous gagnerez sur un projet particulier, alors c'est une réflexion objective. Si vous ne pouvez pas penser au-delà des chiffres, tout ce que vous faites est de penser objectivement. Vous pensez à ce que vous pourriez gagner, à ce que vous pourriez économiser, etc. Ce sont des pensées objectives, et si vous appliquez la loi de l'attraction, vous comprendriez que ces pensées ne vous attirent pas l'argent.

Il faut donc penser subjectivement. Ne pensez pas à l'argent lui-même, mais pensez à ce que vous devez faire pour vous apporter l'argent. Penser à la qualité de votre produit, par exemple, est un bon pas dans cette direction.

Lorsque vous faites cela, vous améliorez en fait le potentiel de vente de votre produit et donc vous faites rentrer de l'argent.

Une personne qui croit en la loi de l'attraction ne pensera pas : "Je dois vendre ce produit parce que je veux gagner de l'argent. Au lieu de cela, une telle personne penserait : "Je dois être honnête dans la fabrication de ce produit et lui donner une grande qualité afin de pouvoir gagner de l'argent avec lui.

 AIMANT D'ARGENT

Une personne qui croit en la loi de l'attraction devient automatiquement honnête parce qu'elle sait ce qu'il faut faire pour obtenir l'argent. Ils ne croient pas aux solutions rapides, mais aux solutions à long terme. Ce devrait être votre façon de penser à l'argent aussi - Ne pensez pas à la façon de faire rentrer l'argent ; pensez à ce que vous devez faire pour permettre à l'argent de vous parvenir.

 AIMANT D'ARGENT

La manifestation de la richesse à travers la loi de l'attraction

Les cinq étapes nécessaires à la manifestation de la richesse par l'application de la loi.

Voici les cinq choses que vous devez faire pour manifester la richesse que vous attendez par le biais de la loi de l'attraction.

Créer

La première étape consiste à ancrer la pensée de la richesse dans votre subconscient. Vous devez penser fermement que vous serez en mesure d'atteindre la grande quantité de richesse que vous attendez.

 AIMANT D'ARGENT

Visualiser

Il est très important de visualiser réellement la richesse. Vous devez penser que la richesse est déjà sur votre compte bancaire et savoir ce que vous allez en faire. Commencez à réfléchir comme si vous planifiez ce que vous allez faire de l'argent. Vous ne l'avez pas encore, mais là n'est pas la question. La loi de l'attraction dit qu'il faut être fort dans sa croyance, et la visualisation est la meilleure façon de le faire.

Être reconnaissant

Pour aller plus loin dans votre croyance, vous devriez commencer à remercier l'univers de vous avoir accordé la richesse. Eh bien, il ne vous a pas encore accordé la richesse, mais vous n'avez aucune diffamation à ce sujet. Vous êtes sacrément sûr d'obtenir la richesse

et donc d'être reconnaissant est la prochaine chose logique.

Écoutez votre cœur

Votre cœur vous dira beaucoup de choses en ce moment. Il vous dira de faire des choses particulières. Ne réprimez aucune de ces "voix". Écoutez-les attentivement. Agissez sur eux.

Vous devez vous assurer que vous écoutez chaque voix, car chacune d'entre elles pourrait être la seule voix qui vous ouvre la porte des opportunités.

Poursuivez vos actions

N'abandonnez jamais, n'abandonnez jamais. N'oubliez pas que l'arrêt est un signe de faiblesse. Vous ne voulez pas que l'univers comprenne que votre croyance est vacillante.

 AIMANT D'ARGENT

Vous voulez qu'il sache que vous le suivrez quoi qu'il arrive. Tôt ou tard, votre confiance suprême vous apportera la richesse à votre porte.

 AIMANT D'ARGENT

Un pauvre qui pense positivement à l'argent est-il riche?

Seule la pensée importe-t-elle? Si les mendiants pensent aux chevaux, peuvent-ils les monter?

C'est une question qui dérange la plupart des gens, surtout ceux qui entendent parler du droit d'attraction pour la première fois. Après tout, pensent-ils, la loi de l'attraction parle des résultats des pensées qu'ils engendrent, alors s'ils devaient réfléchir fortement à quelque chose, ne devraient-ils pas s'en rendre compte? En d'autres termes, si quelqu'un n'a pas de voiture et y pense, il devrait en être le propriétaire, n'est-ce pas ?

 AIMANT D'ARGENT

Bien que cela semble très romantique, le problème est que la loi de l'attraction ne fonctionne pas de cette façon. Il ne s'agit pas de penser à l'obtention. Il y a beaucoup de couches en dessous. Tout d'abord, les gens qui pensent à la loi de l'attraction de cette manière n'apportent pas une chose très importante dans l'équation - l'accent mis sur l'effort. On n'obtient pas grand-chose sans canaliser ses pensées en action.

Comprenons mieux cela avec un exemple. Supposons que vous ayez l'ambition d'ouvrir un restaurant. Pour l'instant, il ne s'agit que de votre ambition. Oui, vous y réfléchissez tellement que vous pouvez le prouver, mais c'est tout. Ce sera votre restaurant alors?

La réponse est assez évidente - Non. La loi de l'attraction ne consiste pas à rester assis avec votre sac de pop-corn à regarder Netflix et à attendre que vos désirs intérieurs se manifestent. Vous devez laisser la pensée sortir de votre système. Vous devez le laisser sortir et le transformer en action.

Lorsque vous pensez fortement à quelque chose, une voix intérieure vous dit d'agir d'une manière particulière. Si vous envisagez d'ouvrir un restaurant, une petite voix intérieure vous dira de commencer à chercher de bons endroits. La voix vous dira d'apprendre l'art de la gestion hôtelière. La voix vous dira également de commencer à collecter des fonds. Il y a tant de choses qui seront dites par cette voix encore petite. L'important, c'est que vous l'écoutiez. Et vous devez agir en conséquence.

Ce n'est que lorsque vous commencerez à traduire ces pensées en actions que vous pourrez faire quelque chose.

Ainsi, un mendiant qui ne pense qu'à un cheval ne pourra bientôt plus rien faire.

 AIMANT D'ARGENT

Cependant, s'il réfléchit à la manière dont il devrait prendre le cheval et commencer à mettre en œuvre ces idées, il sera très probablement bientôt au sommet.

 AIMANT D'ARGENT

Qu'en est-il des loteries et des gains exceptionnels?

Que dit la loi de l'attraction sur les loteries et tous les autres types de modes de richesse nocturne?

La plupart des gens se demandent souvent s'ils peuvent gagner à la loterie et avoir d'autres types de chance simplement en y croyant fermement, comme le veut la loi de l'attraction. Ils pensent très fortement à gagner et donc pourquoi ne devraient-ils pas gagner ? Ils pensent même à gagner tout le temps, ils achètent des billets par douzaine, alors les gagnants devraient être eux, non?

Le problème est que ces personnes partent du bon principe, mais qu'elles ne le mettent pas en œuvre de la bonne manière. Comment utiliser la loi de l'attraction pour gagner à la loterie?

Pour cela, la première chose à faire est de penser correctement. Il ne faut pas s'attendre à ce qu'un sort entre en jeu en apportant des pièces d'or à votre porte. Cela n'arrivera pas. Mais vous pouvez aligner les choses pour qu'elles fonctionnent à votre façon. Pensez positivement à la victoire. Lorsque vous faites cela, les choses se passent automatiquement d'une manière qui vous est bénéfique. Vous ne deviendrez probablement pas millionnaire du jour au lendemain, mais peut-être que vos convictions profondes vous aideront à gagner de petites sommes et à en être heureux.

Mais il y a des moyens d'aller à l'encontre de la loi de l'attraction ici. Si vous attendez trop longtemps, ce n'est pas bien. La loi de l'attraction vous dit d'avoir une croyance forte, mais elle ne vous dit pas de vous attendre à un type de résultat particulier. Visualisez simplement ce qui se passerait si vous étiez le gagnant d'une somme particulière, mais ne forcez pas l'univers à vous accorder cette somme. De même, si vous commencez à devenir grincheux si vous ne gagnez pas le genre de revenu que vous pensez devoir gagner, vous détruisez toutes vos convictions positives. La morosité est un signe d'incrédulité et donc un signe de faiblesse.

Les gens qui gagnent à la loterie pensent qu'ils méritent de gagner. Si vous leur posiez la question, ils diraient qu'ils ont visualisé le gain de la loterie à un moment donné de leur vie et l'ont imaginé de façon si vivante qu'ils ont eu l'impression que c'était réel.

Essayez cela. Imaginez cela. Visualisez votre résultat. N'en faites pas trop. N'en attendez pas trop.

 AIMANT D'ARGENT

Les choses vont commencer à s'aligner sur votre chemin. Mais soyez prêt à accepter, sans rancune, tout ce qui vous arrive. Ce sera mieux que ce que vous avez, si vous croyez en la bonne chose.

AIMANT D'ARGENT

Équilibre entre le «je» interne et le «je» externe

Si vous suivez vraiment la loi de l'attraction, vous devez vous efforcer de trouver le bon équilibre entre votre moi intérieur et extérieur.

L'une des applications les plus importantes de la loi de l'attraction est l'équilibre entre notre moi intérieur et notre moi extérieur. Notre moi intérieur est notre conscience. C'est la façon dont nous pensons et nous nous comportons. C'est là que la loi de l'attraction commence à prendre effet. La loi de l'attraction commence à se manifester lorsque nous pensons et cela commence en nous. Notre être extérieur est caractérisé par notre action. La façon dont nous agissons et mettons en œuvre nos processus de pensée

 AIMANT D'ARGENT

est la façon dont notre moi externe fonctionne.

Si nous voulons utiliser au mieux la loi de l'attraction dans notre vie, il est essentiel que nous apprenions à créer un équilibre entre notre moi intérieur et notre moi extérieur. Il est essentiel que nous mettions en pratique ce que nous pensons. Ce qui commence comme une manifestation de la pensée doit être transformé en action.

Si vous vous asseyiez et réfléchissiez à l'idée d'acheter une nouvelle maison, cela n'arrivera pas. Oui, si vos pensées sont fortes, si votre croyance est forte, l'univers va commencer à s'aligner pour faire bouger les choses. Mais pour l'instant, c'est vous qui devez agir. Si vous ne levez pas le petit doigt, il ne se passera rien. Maintenant, vous devez mettre votre moi extérieur en action. C'est alors que les énergies positives qui ont été créées commencent à prendre forme et que les choses commencent à bouger.

 AIMANT D'ARGENT

Le problème avec la plupart d'entre nous est que nous utilisons notre moi intérieur pour penser et croire. Nous disons si souvent que nous voulons faire une chose particulière, mais seuls quelques-uns d'entre nous mettent réellement leur moi extérieur en action.

La loi de l'attraction fera bouger les choses. Mais elle ne fera qu'aligner les choses d'une manière particulière. Le reste dépend de vous. Cela vous donnera la confiance nécessaire pour faire certaines choses, et c'est ce qui influencera les gens autour de vous et des choses vous arriveront positivement, mais le principal pour cela est que vous preniez l'initiative et que vous agissiez.

 AIMANT D'ARGENT

Pourquoi tous ceux qui utilisent la loi de l'attraction ne s'enrichissent-ils pas?

Beaucoup de gens pourraient penser à la loi de l'attraction. Mais seuls quelques-uns d'entre eux commencent vraiment à gravir les échelons du succès et à s'enrichir.

Pourquoi tous ceux qui utilisent la loi de l'attraction ne s'enrichissent-ils pas?

Si vous l'avez suivi jusqu'à présent, vous aurez remarqué deux choses:

 AIMANT D'ARGENT

La loi de l'attraction est une réalité bien définie ; tout le monde la pratique.

Cependant, beaucoup de gens ne l'utilisent pas de la bonne manière.

On ne peut pas réfuter le pouvoir de la loi de l'attraction de canaliser les énergies de l'univers pour que les choses commencent à se dérouler favorablement.

Mais le problème est que la loi de l'attraction ne fera que canaliser ces choses.

Si nous n'utilisons pas les énergies pour accomplir ce que nous désirons, tout sera une cause perdue.

Par exemple, si vous ne pensez qu'à devenir riche mais que vous ne faites rien de concret, il n'y a aucune chance que vous deveniez riche. En fait, même si vous gagnez à la loterie, vous devez faire l'effort d'acheter la loterie et de suivre les gains.

La conclusion est claire : la loi de l'attraction fonctionne, mais seulement si vous la mettez en pratique. Voici les choses que vous devez faire successivement :-

Vous devez croire fermement que quelque chose de particulier va se produire. Votre conviction doit être forte et inébranlable, si inébranlable que rien ne doit la fausser de quelque manière que ce soit.

Ensuite, vous devez visualiser cette chose comme si elle vous était réellement arrivée et que vous en appréciez les fruits.

La prochaine étape sera de commencer à agir sur votre voix intérieure. Vous entendrez beaucoup votre voix intérieure lorsque vous croyez fermement en quelque chose. C'est en agissant ainsi que vous vous rapprocherez de la réalisation de vos ambitions.

Donc, si vous avez l'intention de vous enrichir grâce à la loi de l'attraction, l'important pour vous est de croire et d'agir. Sans l'un ou l'autre, rien ne pourra tenir à votre place.

Conclusion

La loi de l'attraction peut vous rendre riche. Vous avez dû l'entendre souvent. Maintenant, vous savez ce qu'il faut faire pour y arriver.

 AIMANT D'ARGENT

Visitez notre site web! Obtenez d'autres livres de MENTES LIBRES!

https://www.amazon.fr/MENTES-LIBRES/e/B08274DDV4?ref_=dbs_p_ebk_r00_abau_000000

Si vous le souhaitez, vous pouvez laisser votre commentaire sur ce livre en cliquant sur le lien suivant afin que nous puissions continuer à nous développer! Merci beaucoup pour votre achat!

https://www.amazon.fr/dp/B0897XCW5N

www.ingramcontent.com/pod-product-compliance
Lightning Source LLC
Chambersburg PA
CBHW050304220526
45465CB00002B/821